AF290413

Maxime

Recueil de Fables

Cerveau

Si on l'utilise mal
Il peut nous rendre bestial.
Si on l'utilise bien
Il peut nous rendre humain.
Si on l'utilise mal
Il nous casse le moral.
Si on l'utilise bien
Il peut nous rendre serein.

Le cerveau est un attribut
Qui nous permet de réfléchir.
Comme les jambes qu'on a su
Animer pour courir,
Il suffit pour en jouir
D'apprendre à s'en servir.

La gazelle s'abreuvant

Il fut un temps,
Où une jeune gazelle,
S'amusait gaiement
Dans l'une de ces eaux qui ruissellent.

Quand un sombre jour,
Un crocodile tournant autour
Avait surgi tout à coup
Et manqué de peu son cou.

La gazelle n'avait rien eu,
Mais depuis cet incident
Elle n'avait jamais plus
Aimé s'approcher des étangs.

Elle souffrait de devoir
Ne serait-ce qu'aller boire,
Elle cherchait mille manières
De stopper ce calvaire.

Voulant d'abord construire des murs
Pour rendre le ruisseau plus sûr.
Puis trouver d'autres moyens
De subvenir à ses besoins.

Faire des pactes avec les reptiles
Pour dominer les crocodiles.
Même demander à en haut
S'il pouvait enlever ce fardeau.

Mais aujourd'hui, elle resta ébahie,
En voyants la joie sur le visage
D'une vieille gazelle amoindrie
En train de boire sur le rivage.

"-Comment peut-on être si sereine
   Avec une patte en moins ?
   Vous savez que l'eau fait des siennes
   Mais vous ne vous méfiez de rien ?

 -Même si l'eau m'as meurtri,
   Je dois boire, c'est ainsi.
   Bien sûr que tout peut arriver,
   Donc rien ne sert de s'inquiéter.

   J'évite de faire des mauvais choix
   Qui seraient malheureux pour moi.
   Mais je serai contente encore
   En ressentant l'eau dans mon corps.

   Ce n'est pas le danger mais la peur,
   La responsable de ton malheur.
   Et pour ne plus être hanté par la peur de vivre,
   Il faut vivre."

L'oiseau sur sa branche

L'oiseau, qui du haut de sa branche,
Avait toujours vécu à l'écart
Du peuple renard
Et de sa nature franche,
Se trouva fort dépourvu
Lorsqu'il fut pris en embuscade.
"Mon heure est-elle si vite venue ?
 La fin ne peut être si fade !"
Toute cette vie du peuple d'en bas,
Il n'avait fait que l'observer,
Et il ne pensait pas
Devoir l'expérimenter.

Sa condition le tracasse
"-Ici ne peut être ma place.
 -Et pourtant vous y êtes bel et bien :
  Voilà votre vie achevée"
Il tourne la tête, la voix vient
D'un pinson tenu au chevet.

"-Vous vous posez de nombreuses questions,
  Mais il y a omission dans l'équation :
  Quand vous mangiez sur les troncs,
  Les impuissants limaçons,
  Prêtiez-vous attention
  A la moindre de leurs émotions ?
  Partout il y a soumission,
  Si vous ne prenez pas tout en compte
  Comment trouver la solution ?
  Rappelez-vous de votre ponte :

De ce monde vous avez usé,
Il vient là vous utiliser."

Le piège de la délivrance

Un homme, engagé dans la résistance
De sa ville en siège,
Finit par remporter la guerre. Il sort de ce piège
Et trouve la délivrance.

Il travaille dur pour gonfler sa finance,
Ses soucis s'allègent,
Il quitte la pauvreté, sort de ce piège
Et trouve la délivrance.

Il paye assez pour changer d'apparence,
Il gagne en privilèges,
N'est plus inconnu, sort de ce piège
Et trouve la délivrance.

Il part quand il veut, quand son cœur balance,
Il va voir la neige.
Il n'est plus restreint, il sort de ce piège
Et trouve la délivrance.

Mais la véhémence de son inconstance
Est un horrible manège,
Sans le voir, il est tombé dans le piège
De la délivrance.

Les chats et les renards

Une fois discutaient trois chats
A propos de renards galeux.
Le premier gros et gras,
Le second assez plat
Et le troisième osseux
Plaignaient ce qu'ils voyaient là.
"-Ils n'ont pas notre chance,
   Chez eux les soucis se remplacent,
   La nature les menace
   Et les contraints en permanence."
Les renards, ayant l'ouïe fine,
S'approchèrent dire aux domestiques
Que dans leurs maisons fantastiques
Différents problèmes se dessinent.
"-Vous ne connaissez que l'abondance,
   Ils vous font du mal vos palaces !
   Seul un de vous sait bien remplir sa panse,
   La conscience des deux autres se tasse !
   Nous au moins nous la gardons,
   Et par là nos corps purs.
   A force de forcer la nature
   Vous en oubliez sa fonction.
   Vous l'aviez hier comme mère,
   Est-ce vraiment mieux de s'en défaire ?
   Maintenant que les sciences
   Apportent tant de solutions,
   Vous gagnez en indépendance,
   En voici la condition :
   C'est de correctement se connaître,
   Car votre être est désormais votre maître.
   Ainsi, donnez vous ce dont vous avez besoin,
   Ni plus, ni moins."

Contentement

Les gens d'un village demandèrent
A cette femme presque centenaire,
Pourquoi malgré sa grande fortune,
Elle n'avait jamais eu plus d'une
Paire de chaussures à mettre aux pieds.
Pleine d'expérience elle répondit :
"Mes arpions savent s'en contenter,
  Et pour ce qui est de l'esprit
  Il y a une chose qu'il faut savoir :
  L'objet nous fera toujours croire
  Qu'on vivra dans le désespoir
  Sans lui du matin au soir.
  Or le fait de le vouloir
  Est lié au fait de le voir.
  Mais quand bien même on finit par l'avoir,
  Il amène moins de joie que de déboires."

La vallée verdoyante

La vallée verdoyante,
Comme l'appelaient certains,
Créait des pensées discordantes
Au sein d'un troupeau de caprins.

Ne l'ayant jamais vue ;
Au début ils n'y croyaient point,
Mais un récit assez fin
Rendit la plupart convaincu.

Guidés par la promesse
Ils partirent assurés de rien.
Guidés par la paresse
Les autres suivirent, laissant leur foin.

Même si deux ou trois
Moutons voyaient là la tromperie,
Chacun prit le pas,
L'intégration n'a pas de prix.

Psychotropes

"-Pour cesser de souffrir
   Et vivre un bon délire,
   L'oubli est un plaisir
   Que tout le monde désire.
   Toi aussi tu en a besoin
   Ça ne peut te faire que du bien."

Ainsi parla en vain
Un groupe d'amis rempli de vin.
Car l'homme qu'on cernait
N'était pas concerné.
Aussi simplement qu'un texte,
Il lisait dans leurs vies leurs prétextes :

"En pensant vivre au top
   Ils prennent des psychotropes.
   Ces fidèles consommateurs
   Disent oublier leurs malheurs,
   Certains car ils ont des ennuis,
   D'autres car ils sont trop timides.
   Certains car leurs cœurs font du bruit,
   D'autres car il leur est permis.
   Certains car ils copient autrui,
   D'autres car ce fut toujours ainsi.

   Tant de fausses raisons
   Pour se permettre de la perdre.
   Tant de belles saisons
   Passées à les perdre.

Il existe pourtant d'autres voies,
J'aimerais que tous les voient
Et qu'ils trouvent celles qui leur conviennent.
En guise d'exemple voici la mienne :

En vivant honnêtement,
Sans mentir
Et sans médire,
Je ne suis dorénavant,
Que dans la quiétude
Et la plénitude.

En me rendant compte
Que la timidité
N'est qu'excès de pensées,
J'arrête d'avoir honte,
Je fais simplement
Ce que mon cœur demande.

En regardant bien mon corps,
Voyant sa nature
Et sa droiture,
Je le nourrirai encore,
D'air pur
Et de bonnes nourritures.

Au lieu de soulager une douleur,
J'enlève ce qui m'accable.
Peu importe mes humeurs,
Je sais qu'elles sont instables.
Mon existence est un don,
Je n'en altérerai pas la perception."

La femme libre et la prisonnière

Un jour, une impératrice sanguinaire,
Fait venir devant elle une de ses prisonnières.
Les geôliers lui avaient rapporté que celle-ci,
Se disait plus forte que n'importe qui.

L'impératrice devient rageuse
Lorsque apparaît une femme heureuse.
"-Alors comme ça tu te crois
  Plus forte que tout le monde même que moi !?
 -Bien sûr, il n'y a qu'à vous voir,
  Vous êtes remplis de pensées noires.
  Malgré le fait d'être sous verrous
  J'arrive à être plus calme que vous.
  Je suis plus forte que tout le monde
  Car je suis plus forte que moi.
  Vous pouvez conquérir le monde,
  Le plus dur des combats reste celui contre soi."

La femme libre n'était pas
Celle que l'on croyait jusque-là.

La demoiselle et le ruisseau

Au lever du soleil,
Une jeune demoiselle
Qui n'avait pas bu d'eau la veille,
Voit tout le monde malade autour d'elle.
Elle comprend tout de suite,
Le problème vient de la source !
Elle commence alors sa course,
Escalade les blocs de granit,
Arrive à l'orée d'un bois
Où le cours d'eau est plus étroit,
En longeant le ruisseau
Elle voit de magnifiques roseaux,
Des arbres, des buissons et des fleurs
Resplendissantes par leurs couleurs.
"-C'est le lieu le plus splendide
   Que puisse offrir la nature !
   Qui donc décide
   Que l'eau y soit impure ?"

A la fin de cette longue marche
Elle trouve enfin la source et se fâche :
"-As-tu une raison valable
   De faire du mal à mes semblables ?!
  -Tu n'as observé que la face
   Que les simples passants voient,
   A présent retourne toi,
   La vérité est juste en face."
En effet, en partant
De ce point du ruisseau,
Elle le découvre rempli de maux
Et d'innombrables polluants.

Elle continue son enquête,
Là, dans les recoins,
Sont jetés des déchets d'humains.
L'avenir de son village l'inquiète.
Ce n'est pas tout, il y a encore
Des parasites, des maladies
Tombants des arbres qui
Possèdent en fait des revers morts.
L'horreur est infinie,
Voilà aussi les corps
D'animaux noyés ici
Ayant fourni tous leurs efforts.
Ça y est, elle a compris le calvaire
Qu'endure cette rivière.
Ce qu'elle a subi hier
Fait aujourd'hui son caractère.

Cet exemple vaut mieux qu'une conférence,
Il faut faire le chemin dans les deux sens
Pour connaître l'origine d'un mal.

"-Oooh ! Eau !
  Ce ne peut être la seule morale !
  Je reviens te dire quelques mots !
  Crois-tu être la seule
  A souffrir de l'existence ?
  Sur moi aussi des êtres font crouler leurs
                                    démences.
  Je n'en mets pas pour autant d'autres sous
                                    linceuls.
  Cesse donc d'être mauvaise !
  -Et comment ? Je n'ai pas d'auréole.
  -Non, mais tu as la parole.
  Tu y arriveras, avec ou sans aise.
  En tout cas, aucune souffrance
  Ne justifie aucune violence.

Le choix de la fourmi

Dans une fourmilière
Où tout le monde suit les lois,
Une fourmi en colère
Décide de changer de toit.

"-Ici je ne suis pas libre !
   Il y en a marre des règles à suivre
   M'imposant une manière de vivre !
   Je sais comment il faut qu'elles vibrent,
   Nos fameuses antennes,
   Pour des larves récolter la soie !
   On me l'a dit des centaines de fois !
   Je ne veux plus être citoyenne."

*

Quelques temps plus tard,
Une de ses anciennes amis,
La rencontre par hasard
Au détour d'un pissenlit.
Elle lui demande des nouvelles
Sur son nouveau mode de vie,
Ce à quoi notre rebelle
Répond avec envie :
"-Il est en tous points
   Pareil au tien,
   Mais au moins,
   Le mien,
   C'est moi qui me le dicte.
   Aujourd'hui il se trouve,
   Que selon mon verdict,
   C'est votre loi que j'approuve.

Mais quand on découvrira
Qu'elle était en fait fausse,
La colonie ira
Se jeter dans la fosse,
Les yeux bandés par la foi.
Alors que moi j'aurai le choix."

Les trois renards

Un renard heureux, le soir venu,
Se promena et aperçut
Un vieil ami mal endormi,
Il s'arrêta puis demanda :
"-Pourquoi est tu dans cet état ?
  Que t'est-il arrivé aujourd'hui ?
 -Oh rien malheureusement,
  C'est bien ça le problème,
  Remarque tu cet assoupissement ?
  Depuis ce matin je le traîne.
  Je n'ai pas trouvé grande charogne
  A me mettre sous la dent.
  Et comme tout travail est besogne
  Je n'y laisserai pas mon temps.
  Mais, explique-moi pourquoi
  Est-ce que tu souris comme ça ?
 -Car aujourd'hui, de mes pattes,
  J'ai chassé un coucou,
  Et toujours ça m'épate
  De faire ce genre de coup."

Sur ces mots il repartit,
Puis rencontra un autre ami.
Le voyant à l'épuisement,
Il demanda renseignements.
"-Qu'es-ce qui te fatigue ainsi ?
  Ne dors-tu pas à cette heure-ci ?
 -Non je ne veux pas dormir !
  Depuis ce matin,
  Je ne fais que courir
  Après tout ces lapins.

J'en chasserai toujours plus,
Pour montrer que je peux
En prendre autant que je veux,
Quitte à frôler l'infarctus.
Mais, explique-moi pourquoi
Est-ce que tu souris comme ça ?
-Aujourd'hui à ma faim,
J'ai mangé de bonnes prises,
Satisfé mes besoins
En agissant à ma guise."
Ayant dit cela il s'allongea,
Puis s'endormit rempli de joie.

Confort

"Quelle est donc cette sensation ?
Me voilà réveillée
Dans une mauvaise position.
Toute recroquevillée.
Comme si mon corps,
Que je ne reconnais plus,
Ne trouvait aucun confort
Dans cet abri exigu.
A peine je bouge,
Qu'une douleur me tiraille,
Rien ne sert de voir rouge,
Je suis prise en tenaille.
Je resterais à l'intérieur
De cette sombre cavité.
Au moins je ne ressent pas la peur,
Il n'y a pas l'ombre d'un danger.
De cette captivité
J'ai la sécurité."

A côté, un papillon,
Exprime sa déception :
"Rare est celui
Qui de son cocon sort.
Il faut pour trouver vie,
Sacrifier son confort."

L'arbre inutile

Au fond d'une forêt tropicale,
Sur commande d'un ébéniste,
Un bûcheron vient et s'installe.

Le lendemain, sans plus attendre,
Il va pour remplir sa liste,
Trouve ce qu'on attend comme bois,
(Ce sont de tendres palissandres),
S'arme de sa meilleure hache,
Prend les arbres les plus droits,
Les plus utiles et malléables,
Rescapent sans besoin de caches,
Les vieux dalbergias tordus.

Quand les autres seront des tables
Eux prospéreront comme arbres
Sans crainte d'être vendus.

Comportez-vous comme ces derniers,
Il vous faut rester de marbre
Face aux excellences des autres.

Ils ne seront vus qu'en objets
Et utilisés comme tel.
Leurs vies ne valent pas la vôtre.

Si vous voulez vivre tranquille,
Soyez donc naturel,
Et tout autant inutile.

La chouette sachant

Une chouette, avait assez longtemps
Expérimenté toutes manières
De vols battus ou stationnaires,
Pour les maîtriser parfaitement.

Un jour, un corbeau de passage,
Critiqua son vol même son plumage.
Mais la chouette s'envola
Et sa vie continua.

La peintre

A l'arrière d'une boutique,
D'un style très éclectique,
Une femme peint des tableaux.
Ils ne sont pas moches…
Mais ils ne sont pas beaux.
Beaucoup le lui reprochent,
Elle entend des critiques
A longueur de journée.
Mais les mots peuvent fuser,
Elle ne sent pas les piques.
"Votre avis m'est égal".
Telle était sa devise,
Simple et aussi concise
Que son art pictural.

Ainsi elle passa les ans :
Peignant pour son plaisir seulement.

Un beau jour, sa technique
S'étant perfectionnée,
Touche l'œil d'un passionné
Qui devient fanatique.
Il met tout le monde au courant
De l'existence de ce talent.
Appâtant immédiatement
Des personnages très importants.
On la flatte, on la complimente,
De ses tableaux commence la vente :
Ils partent très vite et à prix d'or,
On la supplie d'en faire encore.

Alors qu'on la compare
Aux figures de cet art.
Qu'on lui remet des prix
Pour lesquels certains prient.
Elle répond au final :
"Votre avis m'est égal".

"-Voyez cet état d'esprit,
   C'est sûrement l'un des plus sages.
   Déclare un philosophe de passage.
 -Il me semble l'avoir déjà dit,
   Cette phrase est peut-être triomphale,
   Votre avis m'est toujours égal."

Le singe compétiteur

Encore petit singe et pourtant,
Il veut déjà battre les grands.
Les regardant, les imitant,
Il pense pouvoir être plus puissant.

Alors commence son entraînement,
Qu'importe les chutes et les pansements,
Chaque jour il y passe plus de temps.
Rien ne fait taire son entêtement.

Le revoilà après dix ans,
Malgré ses efforts permanents,
Il ne peut pas, malheureusement,
Répondre au nom de dominant.

Voilà le plus grand des tourments :
Ce qui le maintenait vivant,
S'est envolé avec le vent.
Il resta là l'esprit vacant.

C'est en fait en se comparant,
Qu'il tombait dans le navrement.
En regardant sa vie seulement,
Il était bien meilleur qu'avant.

Expérience

Il pourrait nager dans cette eau,
Ou escalader cette montagne.
Il pourrait peindre cette montagne,
Ou juste contempler cette eau.
Il pourrait courir dans ces bois,
Ou alors parcourir ces grottes.
Il pourrait sculpter dans ces grottes,
Ou juste contempler ces bois.

Mais tout à déjà été vu,
Exploré, expérimenté.
Le monde nouveau n'existe plus,
Le savoir peut tout expliquer.
A quoi lui sert son existence ?
Il ne fait rien, même pas de danse.

Voilà qu'il a tout confondu.
La connaissance qu'on a accrue
Est maintenant universelle.
L'expérience reste personnelle.

L'aveugle et l'affreux

Une aveugle eût aimé
Un affreux détesté.

Trop souvent elle fut mise à l'écart,
Et dans l'incapacité oui car
Tout n'avait pas été fait pour elle,
Et cela lui atrophiait les ailes.

Mais aujourd'hui quelle chance
Lui confère cette absence.
Les voyants, interdits,
Par leurs sens de sentir
Le cœur plein de bonté,
N'eurent été qu'affligés.

Un affreux retrouvait
Une aveugle déroutée.

Trop souvent il fut mis à l'écart,
Et jugé puis insulté oui car
Les critères n'étaient pas faits pour lui,
Et l'injustice sur un esprit luit.

Mais aujourd'hui quelle chance
Lui confère cette absence.
Les magnifiques n'eurent plus
Rien sans le superflu,
A offrir à cette femme
Qui ne cherchait qu'une âme.

Éphémérité

Les sentiments nous embrassent,
On s'enlace puis on s'en lasse,
L'ardeur des premiers temps passe.

Quand les saisons se remplacent
Même les plus belles fleurs peuvent faner,
C'est le jeu ça , ça je le sais.

Au petit déjeuner

Lors du petit déjeuner,
Par une fille très tard couchée,
Une grande question fut posée.

"-Pourquoi n'y a-t-il personne
   Pour qui je me passionne
   Sans que quelque-chose me chiffonne ?

 -Veux-tu boire un bol d'huile ?
 -Cette question est-elle utile ?
 -Je vois que tu es habile

   Pour reconnaître les ingrédients.
   Fait donc pareil avec les gens,
   Ils ont chacun leurs agréments.

Juger

Une femme trouve sa mère étrange,
Aussi son père la dérange,
Son mari a de drôles d'airs,
Et ses enfants prennent trop d'air.
Critiquant ses anciennes commères,
Elle se trouve bien moins vulgaire.
Elle voudrait que les autres changent
Car ils ne méritent point louanges.

Des défauts ? Elle pense qu'elle n'en a pas.
Or si, c'est celui de ne voir que cela.
On ne connaît jamais assez les nôtres.
Mais elle est bel et bien comme les autres.

A ne voir que les défauts coup sur coup,
A coup sûr le monde n'est plus élégant.
A force de porter un jugement sur tout.
Elle avait surtout un portrait navrant.

Parfait

"-Il paraît que vous êtes parfait, pourquoi ?
-Parce que je sais que je ne le suis pas."

Graine parfaite

Ça y est, voilà l'automne.
Parmi toutes celles qu'il confectionne
Un arbre a produit cette graine.
C'est un miracle, c'est une aubaine,
Elle est bien grosse, elle est bien faite,
Il n'y a pas d'os, elle est parfaite.
Elle a tout le nécessaire
Pour donner la meilleure pousse,
Pour que son espèce prospère
Et être vénérée de tous.

La voilà qui se décroche,
Son avenir se rapproche,
Tout porte à croire qu'il sera bon,
Hélas elle tombe sur du béton.

Qui a mis ça sur son chemin ?
Il vient de gâcher son destin.

L'oiselle traumatisée

Un œuf vient d'éclore ;
Une oiselle en sort,
Elle ne connaît rien d'autre
Que le nid qui la porte...
Quand soudain on l'en pousse !
Elle se retrouve dans le vide.
N'ayant aucun guide,
Personne à sa rescousse,
C'est avec des fractures
Que se termine son aventure.

*

Enfin elle se releva,
Mais n'était plus vraiment là.
Elle avait beaucoup changé,
Se sentait oppressée,
Irritée et agacée,
Elle souffrait et trébuchait,
Râlait et médisait,
Elle était traumatisée.

Après réflexions,
Elle avait bien l'impression
Qu'étant devenue moins frêle
Sa place était dans le ciel.
Et qu'au final,
Si elle avait eu mal,
Ce n'était pas à cause de la chute,
Mais bien parce qu'on l'avait poussé
À l'encontre de sa volonté.
Elle vit alors son but,

Se rendit sur la falaise,
Bien sûr qu'elle n'était pas à l'aise,
Mais comme cette fois-ci
La décision venait d'elle,
Elle déploya ses ailes
Et découvrit un paradis.

La plaine des gnous

Un troupeau de gnous,
Doit, non sans peine,
Quitter sa plaine
Asséchée de bout en bout.

Ils partent vers le nord,
En vue d'échapper à leur sort,
Car une population cousine
Vit là-bas et tous les jours dîne.

Après un long périple,
Ils trouvent cette prairie immense,
Où les ruisseaux sont multiples
Et l'herbe y pousse en abondance.

Il y a assez d'espace,
Pour chacun assez d'herbe tendre,
Mais il faut maintenant s'entendre
Avec les gnous déjà sur place.

En effet, personne ici
Ne mérite plus de faire sa vie,
(Même si les plus vieux occupants
Contestent ça très fermement.)

La seule chose qui peut faire
Que cette plaine soit agréable,
C'est que tous se tolèrent
Malgré leurs différences notables.

Les deux tortues

En se promenant, une tortue,
En vit une autre drôlement tordue.
"-Voyez-vous sous ma carapace ?
 Une tique s'y cache et ça m'agace.
-Attendez que je vous l'enlève,
 La souffrance ne sera que brève.
-Merci, vous avez bien dû rire
 En voyant ma drôle de posture.
-Il est vrai, sans vous mentir,
 Qu'elle me marquera comme gravure.
-Protégée par mon armure
 J'ai pris la mauvaise habitude
 De partir dans la solitude,
 Mais par moment c'est une torture.
-Oh oui, les tiques sont dangereuses,
 Vous savez mon père en est mort.
 Ne soyons jamais dédaigneuses
 Ou la nature nous donnerait tort.
-Je le sais bien, j'en suis la preuve,
 Chaque jour on nous assaille d'épreuves,
 J'ai fait confiance on m'a trahi,
 Donnée l'amour on m'a haï.
 Voyez, n'ai-je pas assez souffert ?
 Chaque jour j'attends que l'on m'enterre.
-Pas comme n'importe qui j'espère,
 Quand c'est mal fait c'est vite lassant.
 Ça me rappelle celui d'un frère,
 Même s'il en était méritant…"

Ainsi devinrent leurs discussions
Au fil des jours et des saisons.
Elles ne parlaient que de choses vaines,
Médisaient et critiquaient,
Débattaient sur des sujets
Qui n'en valaient pas la peine.

Partageant leurs idéaux,
Leurs lettres d'amour et leurs maux,
Nos tortues finirent par se lier
Et l'une à l'autre appartenait.

La première se dit soudain :
"Mais dans quelle relation suis-je !?
 En avais-je vraiment besoin ?
 C'est une dépendance qui m'afflige.
 N'aurais-je pas plutôt dû me taire
 Juste à la fin du dixième vers ?"

Les éléphants

D'un pas lourd et redondant,
Avance un troupeau d'éléphants
Quand l'un d'eux s'énerve :
"-Cette fois c'est trop !
  Depuis ce matin tôt,
  Je suis sur ma réserve !
  Subir cette horde
  De termites qui me mordent
  Est devenu insupportable !
-C'est dérangeant, je vous l'accorde,
  Mais restons tout de même respectables,
  Trouvons l'issue à la discorde.
-Non ! J'ai déjà trop réfléchi !
  Je m'en vais régler leurs comptes
  A ces espèces de fourmis !
-Attendez ! Rendez-vous compte…
-Nous sommes de bons amis pourtant,
  Pourquoi m'abandonner maintenant ?
  J'ai fait plein de bonnes choses,
  Servi tant de bonnes causes.
  Suivez-moi !!
-C'est vrai, mais cette fois-ci
  Je vous le dis,
  Vous faites un très mauvais choix.
  Vous ne pouvez compter
  Que sur vous pour ce méfait.
  Car il me semble injuste,
  Que vos pattes si robustes
  Relèguent au rang de mythe,
  Toute une colonie de termites.

-Je vous demande de faire un choix :
 Vous êtes mon ami ou pas ?
-Là n'est pas la question.
 J'apprécie nombre de vos actions,
 Mais certaines n'ont pas d'excuses.
 Nous sommes amis, pas liés.
 Même si souvent on s'amuse
 Nous gardons chacun nos idées.

Le voleur

Un berger solitaire,
Entendit lors d'une foire,
Qu'un voleur notoire
Faisait de grosses affaires.

Reprenant son chemin,
Il jura sur sa tête
Que s'il croisait le sien
Il lui ferait sa fête.

"Ces gens-là sont mauvais,
 Certains les pardonnent, mais
 Ce ne sont que des plaies
 Qui ne changeront jamais."

Un promeneur l'entendant,
Demande au paysan
S'il peut précisément
Lui décrire ce brigand.

"-Mince ! Me voilà un peu bête !
 Je suis parti trop vite
 Sans prendre une lettre écrite
 Descriptive de sa tête.

 Mais ce genre de voyou
 Se reconnaît d'un coup ;
 Le mal marque le visage
 De celui qu'il ravage.

Bref… parlez-moi de vous
Puisque nos routes se nouent.
C'est plus intéressant
Que songer aux méchants.

-Moi ? Je fais du commerce,
Mais tout cela m'épuise.
Je voulais que l'or luise
Et que l'argent me berce…

…Cela n'arrivera pas.
On m'a vendu quiétude ;
Ma richesse n'est qu'un tas
De mauvaises habitudes.

Et c'est en vous voyant,
Gai de simples voyages,
Que je vois l'apaisement
Dans les pas des gens sages."

Nos deux hommes discutèrent
Encore longtemps ainsi.
Ayant même caractère
Ils devinrent bons amis.

Voilà que le voleur,
(Faussement le commerçant),
A réparé son cœur
En se redécouvrant.

Chacun, qu'importe l'engeance,
Trouvera sa pénitence.
Sans subir, ni vengeance,
Ni quelconque pénitence.

Le crime du renne

"-Vous qui fûtes un temps
   L'un des rennes les plus vaillants,
   Avez négligé un principe
   Essentiel de notre tribu,
   Qui en est l'archétype,
   Sans lequel nous ne serions plus.
  "Chacun se doit de tenir au courant
   Les siens des lieux de paissance existants."
   Au lieu de quoi, hier,
   Découvrant cette clairière,
   Vous vous êtes saturés la panse
   Et avez dormi à outrance.
   Vous avez failli au devoir d'éclaireur
   Vous serez punis pour cette erreur.

-Vous ne faites que juger pour coupable ou non,
   À croire que l'on est soit gentil soit méchant.
   Nous n'avançons pas de cette façon,
   Nous choisissons juste un camp.
   Ne faisons pas ce combat d'arguments
   Qui empêche l'accès à l'entendement.
   Ce n'est pas d'eux-mêmes que les actes

                                    viennent,
   Des contraintes les amènent.
   Cessons de tomber dans la cécité,
   Faisons le nécessaire pour voir la vérité.
   Ne jouez pas le grand rôle
   De grand juge de grands crimes.
   Ne me jugez pas pour vol,
   Ce n'est pas cette idée qui m'anime.

Ce n'est nul autre que la faim
Qui m'a poussée à cette fin.
En ces temps où l'hiver fait rage,
Où même le bétail manque de fourrage,
M'étant égaré à plusieurs reprises,
Vidé de mes moindres réserves,
En voyant cette clairière que les rayons
                              desservent,
Je l'avoue, j'ai mangé sans qu'on m'y autorise
Faisant, il est vrai, passer au second plan,
La faim douloureuse qu'éprouve aussi mon clan.
L'amour envers les miens reste intact.
Je n'ai pas fait un choix, mais un acte.
Les chances d'en être libre sont fines
Lorsque l'on souffre de la famine.

-Je comprends ce que tu éprouves.
 Ma vie même en est la preuve.
 J'ai échoué à certaines épreuves,
 Cette mésaventure le prouve.
 Suite à tes aveux
 Je souhaite faire les miens.
 Je suis dominant depuis peu,
 Je n'y connais presque rien.
 La faute que j'ai commise
 Fut d'user de ma mainmise
 Pour ordonner aux meilleurs rennes
 De partir chercher du lichen,
 Alors que le déferlement
 N'était propice qu'à l'égarement.

 On pourrait encore remonter
 Dans les crises et dans les évènements,
 Pour voir s'il y avait volonté,
 Ou nul choix de me faire dirigeant…

"Ce n'est pas toujours d'eux-mêmes
Que les actes viennent,
Des contraintes les amènent."
Nous pouvons tous dire de même.
Vous avez raison, être droit
N'est pas donné à qui veut.
Nous n'avons pas toujours le choix
Et devons pourtant faire au mieux.

Dorénavant nous confierons
Nos problèmes et nos impasses.
Les autres auront les solutions
Ou le pardon qui nous tracasse."

Les yeux des hiboux

Grâce aux yeux des hiboux,
De ces bois est roi le loup.
Il connaît tout sur tout :
Chaque insecte, chaque caillou.
Aucun animal n'échappe à son contrôle,
Rien ici n'arrive sans qu'il soit au courant.
Oui mais le loup est bienveillant et drôle,
Et sa justesse comble les habitants.

Soudain, sa mort survient,
Advient un nouveau souverain.
Hélas c'est un caïd
Qui dirige de façon rigide.

La loi du bois se voit changée,
Sous prétexte d'excès
De criminalité.
Le peuple essaie de contester :
"-Apprenez leur à réfléchir
  Plutôt qu'à bêtement obéir !"
Mais plus les rebelles persévèrent,
Plus la répression est sévère.
Ils sont désormais pris au piège,
Leurs libertés se désagrègent.

À cause des yeux des hiboux,
De ses bois est roi le loup.

Les deux fermiers

Sur le flanc d'une colline,
Dans deux fermes voisines
Habitaient deux fermiers :
L'un bon, l'autre mauvais.
Ils ont tous deux des vaches,
Font tous deux les mêmes tâches,
La seule chose qui diffère
C'est leur manière de faire.

Le bon, fait remarquer,
Que lui pour les marquer
Il ne prend pas le fer,
Des boucles font l'affaire.
L'autre se rend bien compte
Qu'il n'est pas très commode,
Il change donc de méthode.
Puis le bon lui raconte
Qu'il écoute les besoins
De chacune de ses bêtes,
Pour appliquer les soins
Jusqu'à c'que mal s'arrête.
Les siennes n'ont, quant à elles,
Jamais rien eu de tel.
Enfin, le bon, appelle
Son troupeau par des cris,
Et jamais de querelles
N'apparaissaient chez lui.
Le mauvais, que surprend
Un pareil fonctionnement,

Voit alors son erreur.
Il pratique la terreur
Sur ses pauvres animaux.
Ça ne peut plus durer.
Il décide d'arrêter
De donner sur leurs dos
De grands coups de bâton ;
Il devient un homme bon.

Le voici qui s'avance,
Porté par la confiance,
Devant ses têtes à cornes.
Il parle avec douceur…
Mais l'une d'entre elles prend peur,
Meugle, charge et l'encorne.

Deux vautours

Un moche jour,
Un vautour
Prend un coup.
A son tour
(Seul recours)
Rend le coup.
Sans détour,
L'autre vautour
Rend un coup.
Notre vautour,
A son tour,
Rend le coup.
Sans détour,
L'autre vautour
Rend un coup.
Notre vautour,
A son tour,
Rend le coup.
Sans détour,
L'autre vautour
Rend un coup.
Notre vautour,
A son tour,
Rend le coup.
Sans détour,
L'autre vautour
Rend un coup.
Notre vautour,
A son tour,
Rend le coup…

Seul recours ?
Sommes-nous sûrs ?
Les guerres durent
Comme toujours.

Le charbon ardent

Ce charbon naît du feu
Qui brûle les liens.
Il fait du mal à ceux
Qui le tiennent entre leurs mains.

Ils disent avoir de bonnes raisons
De se faire tant violence :
Plaidant une ancienne souffrance
Ou une mauvaise association.

C'est une désolation en chaîne.
Celui qui en échappera,
Sera celui qui refusera
De porter en lui la haine.

En plein combat

"-Vous avez fui en plein combat.
   C'est un grand crime d'être déserteur.
   Ce sont les gens comme vous qu'on bat
   En place publique pour déshonneur.
   Se réfugier près de sa femme...
   Est-ce comme ça qu'on sauvera nos âmes ?
-Veuillez me redire votre rôle ?
-Vous essayez d'être drôle ?
   Je suis tout bonnement général,
   Je dirige des hommes en armes
   Afin de combattre le mal.
   Une telle ignorance m'alarme.
-Et d'où vient ce mal immense
   Qui ronge la terre en permanence ?
-Il naît de la haine qu'un humain
   Éprouve envers un autre humain.
-Et pouvez-vous me donner
   Un contraire de la haine.
-L'amour, je dirai.
-Cette réponse nous amène
   Aux prémices de ce pourquoi
   Vous avez durci votre voix :

   Personne ne cherche, au début,
   A classer les individus.
   Puis les voiles se lèvent
   Sur les actions de chacun,
   Et ils se jugent sans trêve
   En fonction d'idéals non communs.

Des regroupements ont lieux
De gens qui se ressemblent.
Ils s'apprécient entre eux
Et vivent très bien ensemble,
Quand d'un coup, aux frontières
Les armées se rassemblent.
Les raisons sont légères
Contrairement ce qu'il semble.
Certains commencent à détester,
Ceux qui, jusqu'à présent
Ne faisaient que ne pas aimer.
Trouvent-ils ça plaisant ?
En tous cas leurs efforts
Seront tous pour la guerre.
Et le seront encore
Tant que l'ennemi persévère.

Que véhicule le combattant
Qui a laissé femme et enfants ?
Un grand vide dans toute sa splendeur,
Il n'y a plus que ça dans les cœurs.
Qu'est devenue la cohésion
Qui tenait sa tribu ?
Son existence n'est qu'illusion
Sans l'amour du début.

Alors oui, je pense que pour se sauver
Il faut plus s'aimer que s'armer.
Ainsi, quand vous m'avez levé,
En pensant m'incriminer,
Ce matin dans mes draps,
J'étais en plein combat."

Ruines

<pre>
"-Qu'est-ce que ce tas de pierres ?
 -Ça ? Ce sont des ruines.
   Les vestiges d'une ancienne ère.
   Leur complexité fascine.
   Étant faits d'une certaine manière,
   Les murs protégeaient de toutes guerres.
   Ces maisons étaient chaudes l'hiver,
   Fraîches l'été et sans poussière.
   Seule pénétrait la lumière.
   Mais pensant qu'il pourrait mieux faire,
   L'Homme usa de nouvelles techniques
   Utilisant de nouvelles briques.
   "C'est novateur ! C'est le futur !"
   Promettaient les monteurs de murs.
   Il ne disait plus siennes
   Les maisons trop anciennes.

   Maintenant avouons la vérité,
   De quoi avons-nous hérité ?
   Même les bâtisses les plus récentes
   Ne répondent pas bien aux attentes.
   Nous n'atteindrons jamais la perfection
   En gardant de telles fondations.
   Nous savons tous deux
   Qu'il est possible de faire mieux.
   Mais il y a tout un processus,
   Des us et progrès qu'eut
   Porté une nation disparue,
   A suivre pour retrouver, au plus,
   Une demeure à l'obscurité vaine,
   Où l'existence ne serait que sereine."
</pre>

Le fils du sage

"-J'ai trouvé la paix intérieure,
Je te la transmettrai à l'heure,
Tu seras comme moi, même meilleur !

-Je vous sais très grand dans ce monde,
Votre nom est dit chaque seconde,
Mais qui avez-vous mis au monde ?

Est-ce un deuxième vous, ou un moi ?
Vous êtes déçu et ça se voit.
Hélas je suis libre de choix.

Je n'ai que faire de votre paix,
Mais si *vous* vous vous y tenez,
Vous devriez me tolérer.

*

-Père ! Constatez mon désarroi !
Après vingt ans sans marcher droit
J'ai fini par perdre toute foi.

Puis vingt ans de plus m'ont appris
A délaisser mes pitreries.
Ayez pitié je vous supplie.

La vie m'a donnée les leçons
Dont vous vouliez faire instruction.
Je viens vous demander pardon.

-Je te pardonne, pas d'inquiétude,
En fait c'est mon inaptitude
À enseigner qui fut prélude.

Car si j'avais pris des exemples,
Qui intéressent, que l'on contemple,
Tu aurais apprécié mon temple.

Les radeaux

Un homme d'âge moyen
Pouvait franchir tous cours d'eau.
Il avait pour moyen
D'efficaces radeaux.

Mais le problème était que chaque torrent
Nécessitait un radeau différent.
Il vivait donc, ainsi tirant,
Ses rafiots jusqu'à l'épuisement.

L'homme rencontra un jour,
Un sage sur son parcours,
Qui lui demanda pourquoi
Est ce qu'il traînait tout cela.

"-Des gens comme vous m'en ont donné plein
A chaque fois que j'en avais besoin.
Et je les garde car il arrive
Qu'ils m'aident à gagner d'autres rives.

-Vous pouvez franchir toutes rivières
Mais vous vivez dans la misère.
Vous connaissez toutes solutions
Mais vous vivez dans une prison.

Les bateaux doivent rester des aides,
Ce n'est plus le cas lorsqu'ils obsèdent.
Oubliez-les donc derrière,
Leur place est sur la rivière.

N'hésitez pas, pour chaque traversée,
À venir m'en demander.
Mais si le besoin se fait souvent ressentir,
Le mieux à faire serait d'apprendre à les
                                construire."

Le vieux cheval

A en juger par sa crinière,
Ce cheval est quarantenaire.
Le voilà qui, à ses confrères,
Va enseigner les bonnes manières :
"Voyez-vous chevaux de trait,
 Ce n'est pas simple un bon labour :
 Il faut avoir les bons attraits,
 Marcher d'un pas rythmé et lourd.
 Voyez-vous chevaux de course,
 Ce n'est pas simple d'être victorieux :
 Il faut puiser dans ses ressources,
 Ni trop en excès ni trop peu.
 Voyez-vous chevaux de guerre,
 Ce n'est pas simple de survivre :
 Il faut savoir qu'il n'y a guère
 De pas en arrière qui enivre.

 Je vous ai presque tout appris
 Sur les techniques, mais cela dit,
 Il reste l'essentiel mes amis…"
(L'interrompt une bruyante sonnerie.)
On ouvre les portes de l'écurie.
C'est le moment de la sortie.

Le narrateur s'en va
Laissant les points de suspension,
Et les auditeurs là,
Seuls, dans l'incompréhension.

L'ancien se roule dans la terre,
Il hennit sans raison,
Voilà qu'il galope après l'air,
Saute par-dessus des buissons.

"-L'essentiel, mes amis,
  Ce sont les actes irréfléchis."